This book is dedicated to all those who love and embrace the word "cunt", in any language.

CUNT IN 75 LANGUAGES

- D. A. Montezuma

Albanian
pidhi

Armenian

Հայց

Azerbaijani

amçux

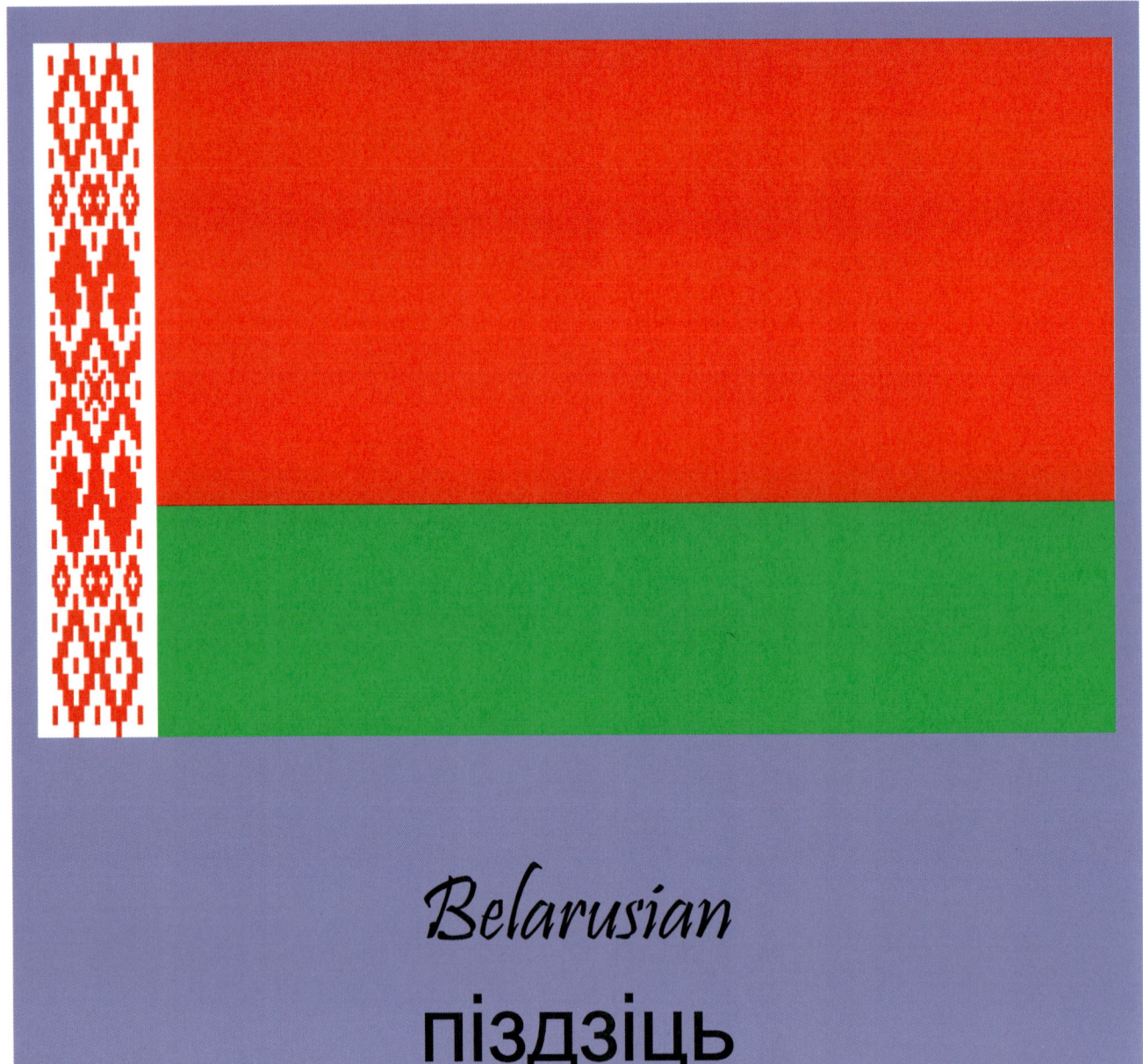

Belarusian

піздзіць

Bengali
গুদ এর

Bosnian pička

Bulgarian

путка

Catalan

cony

Cebuano

cunt

Chinese (Simplified)
尿

Chinese (Traditional)

Croatian pička

Danish
kusse

Estonian
vitt

Finnish kusipää

Galician

cunt

Georgian

ქუვნა

German

Fotze

Greek

αιδοίο

Haitian Creole

vajen

Hausa
al'aurar mata

Hebrew

סוכ

Hindi

योनी

Hmong
poj niam chaw mos

Hungarian
pina

Icelandic

cunt

Igbo
cunt

Indonesian
pukas

Irish

cunt

Italian

fica

Japanese
女

Kannada

ಇಷ್ಟವಾಗಲಿಲ್ಲ

Korean

나쁜 년

Latin

cunnus

Lithuanian

šiknius

Macedonian

пичка

Malay

kemaluan wanita

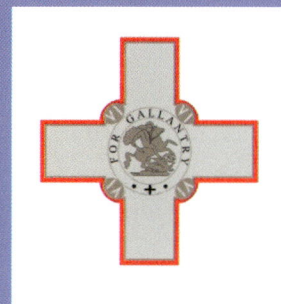

Maltese cunt

Maori
cunt

Marathi

त्यात अर्थ

Mongolian
cunt

Nepali

योनी

Norwegian
fitte

Persian

مهبل

Polish

cipa

Portuguese
cona

Punjabi cunt

Romanian

pizdă

Russian

пизда

Serbian

Цунт

Slovak

kunda

Solvenian

pizda

Somali

cunt

Spanish

coño

Swedish

fitta

Tamil

கண்ட்

Telugu

కంట్ర్

Thai

ที

Turkish

am

Ukranian

пизда

Urdu

کچ cunt

Vietnamese

lôn

Welsh

cont

Yiddish

קאַנט

Yoruba

obo

Zulu

isibunu

The End

Printed in Great Britain
by Amazon